Txiv Lws Suav
mus tag ib txhis

Tus Sau Chiamee Vang
Tus Kos Duab Tou Her

Rau kuv txiv thiab kuv niam:

Nej txoj kev kwv, txoj kev hlub nyob nrog ndaim kuv.

Thaum tseem ntxov heev tsis tau kaj ntug, txhua tsav yam nyob ntsiag twb to. Kuv niam mam mam los tsa kuv sawv, nws hais, "Sawv os, twb txog sij hawm mus lawm." Kuv twb npaj ntxov ua ntej rau hnub no lawm. Nag hmo kuv mus pw ntxov thiab npaj kuv cev khaub ncaws uas yuav tom lub khw qub los tso rau ntawm kuv taw txaj. Tsaus ntuj nti hauv kuv chav pw, kuv sawv mos kuv ob lub qhov muag uas tseem tsaug zog. Nws tseem ntxov heev lub hnub twb tsis tau tawm, tab sis yog lub sij hawm zoo mus ua liaj ua teb ua ntej lub hnub tawm thiaj tsis raug cov huab cua uas kub heev nyob hauv lub zos Fresno.

Tag nrho kuv cov khaub ncaws kuv hnav ces yog los ntawm cov khw muag ris tsho qub los sis yog neeg zej zog pub. Nws yog ib yam zoo thiab muab xav hais tias yeej yuav lo av thaum uas kuv hnav mus ua hauj lwm nyob hauv teb hnub ntawd. Thaum kuv hnav kiag kuv lub tsho loj npab ntev, kuv hnov tau tias chob rau kuv tej tawv nqaij; yam uas muag nyoos yav tag los tam sim no nws txhav txhav lawm vim muab ntxhua ntau lwm. Kuv niam ntsia kuv pheej saib rau cov ntaub ntawm lub tsho ces nws hais rau kuv, "Hnub no yuav kub txog 110. Koj lub tsho yuav tiv thaiv koj los ntawm lub hnub uas ci ntsa iab." Cuag li nws nyeem tau kuv txoj kev xav.

Kuv niam thiab kuv txiv yeej tsis tau siv tshuaj pleev thaiv hnub dua li thiab lawv yuav tsis siv nyiaj rau tej yam uas lawv xav tias "tsis tseem ceeb" li ntawd. Cov tshuaj pleev thaiv hnub nws tsis tseem ceeb, kuv twb muaj lub tsho chob chob los tiv thaiv kuv cov tawv nqaij. Thaum kuv hnav kiag tau kuv lub ris loj loj thiab tuag tuag xim, kuv niam hais ntxiv, "Koj lub ris yuav tiv thaiv tau koj los ntawm cov hmab uas muaj pos chob chob." Nws yeej hais yog lawm, tab sis qhov uas kuv xav hnav ces yog kuv lub ris ywj los sis tseem xum hnav dua yog lub ris luv.

Peb sawv daws nce rau lub tsheb: kuv niam, kuv txiv, thiab kuv. Kuv xya leej nus
muag tsis nrog peb mus hnub no. Kuv cov nus muag hlob nyob zov cov nus yau
thiab ua mov tos peb kom peb tau noj mov sov so thaum peb los txog tsev. Peb
tau tsav tsheb mus rau sab nraum nroog uas ixhua qhov chaw yog liaj yog teb xwb.
Fresno yog ib qho chaw zoo ua liaj ua teb, nws rub tau peb cov Hmoob uas yog
neeg poob teb chaws coob heev tau txiav txim siab los nyob rau ntawd. Cov neeg
Hmoob yog ib haiv neeg ib txwm txawj ua liaj ua teb nyob sab toj siab teb chaws
Nplog. Kuv txiv nco txog lub teb chaws uas nws loj hlob tuaj nws hais, "Tej liaj teb no
nim zoo ib yam li peb qub zej qub zog."

Hnub ntawd yog thawj hnub txiv lws suav zoo de, nws yog ib lub hwv tsam zoo rau peb tsev neeg mus khwv tau me ntsis nyiaj ntxiv. Kuv niam thiab txiv tsis tau mus kawm ntawv dua. Tsis muaj tsev kawm ntawv hauv lub zos uas nkawd loj hlob. "Rau siab kawm ntawv kom zoo," kuv txiv hais tawv qhawv thaum peb tab tom tsav tsheb mus ib daim teb dhau ib daim. "Koj thiaj li tsis tau khwv ua hauj lwm tiv hnub, tiv tshav kub li no! Yog tias kuv yog koj es kuv muaj txoj kev kawm li koj thiab muaj lub hwv tsam ntshe kuv twb yog ib tug kws kho mob lawm." Kev kawm ntawv tseem ceeb heev ntawm peb tsev neeg, tab sis kuv yeej tseem nyiam mus ua liaj ua teb nrog kuv niam kuv txiv nkawd.

Peb tuaj txog kuv phauj daim teb txiv lws uas peb tuaj ua zog. Kuj muaj lwm cov neeg coob tuaj ua zog de txiv thiab. Cov hmab lws ntsuab xiab loj siab tshaj peb. Muaj ib puas kab ntswg teb zoo tus yees txi txiv ncw puav leej zoo de lawm. Nyob hauv nruab nrab ntawm kab ntswg teb yog ib txoj kev uas yuav luag tsis txaus taug tab sis yeej loj dav txaus rau lub hauv paus txiv lws loj hlob. Peb txhua tus ib leeg nqa ib lub thoob 5 gallon, "Maj mam de tsis txhob sib zog rub cov txiv lws suav siav siav tawm ntawm cov hmab," kuv niam qhia rau kuv.

De txiv lws xwb es niam yuav nyuaj npaum li cas nas? Kuv de kiag thawj lub. Kuv rub nrhe tau tsob hmab tag nrho nrog lub txiv lws suav. Kuv niam lub qhov muag saib ntsoov pom kuv tsis tau txawj de. Nws mam mam qhia kuv, "Yog koj rub tau txoj hmab, ces cov txiv lws yuav tsis txi ntxiv lawm." Tom qab ntawd kuv thiaj ceev faj thiab kawm kiag tau cov txheej txheem uas de tau nrawm heev thiab de puv thoob sai kawg li.

Niam ua kuv ntej ntawm kuv ntsug teb, kuv txiv nyob ntsug ib sab ntawm wb. Kuv ua tib
zoo xaiv de cov txiv lws uas siav liab liab. Ua cas hnov dheev rhiab rhiab kuv txhais tes.
Kuv pom kiag tus me kab nyuam dev ntsuab xiab rog rog nti nti. Nws ntsuab ib yam li tsob
hmab txiv lws suav ntag. Kuv tsa suab qw, kuv rhiab heev. Ib tug me nyuam ntxhais muaj
hnub nyoog li kuv khiav khiav los ntawm kuv.

"Tsis txhob ua li cas rau nws! Nws yuav tsis ua li cas rau koj," nws hais li nws paub paub. "Muaj ib hnub nws yuav loj hlob muaj tis yuav ya mus." Nws muab tus kab nyuam dev mus tso rau ntawm daim nplooj uas nyob ze. "Kuv lub npe yog Hnub Ntsais. Koj puas xav de txiv lws suav ua ke? Yog koj pom kab nyuam dev, qhia kuv paub kuv mam li saib xyuas lawv." Hnub Ntsais wb dhau los ua phooj ywg tshiab sai kawg li. Kuv niam luag ntxhi rau kuv thiab co taub hau ua kev pom zoo.

Thaum twg nws pom ib tug kab nyuam dev, Hnub yeej plhws thiab tham nrog ib yam li lawv yog qub phooj ywg. "Vuag," nws hais, "koj mos ua luaj! Kuv nyiam koj cov kab txaij dawb. Tag nrho koj cov ceg uas luv luv ntshe pab tau koj nkag ceev heev li." Thaum twg kuv pom ib tug kab nyuam dev co tw ces kuv rub nws lub tes tsho taw qhia kom nws mam li tshem rau kuv. Tas ib hnub mas muaj kab nyuam dev ntau heev yim muaj txiv lws suav ntau ces yim muaj kab nyuam dev ntau thiab. Muaj txiv lws suav tshiab, kab nyuam dev tshiab, thiab phooj ywg tshiab.

Lub hnub ci ntsa iab, wb ob txhais tes me me tsuas ntsuab xiab nplaum ntxias thiab tsw nroj tsuag heev. Ntshe yuav tsuas tej tes lawm ob peb hnub. Kuv tus phooj ywg tshiab, Hnub Ntsias, wb hu nkauj de txiv, "Dab ob txhais tes ntsuab los ntawm daim teb txiv lws suav." Wb ua hauj lwm luag ntxhi ib hnub nkaus.

Kuv lub plab quaj tshaib lawm ntshe yuav tsum yog caij noj su lawm pob. Zoo li kuv hnov Hnub lub plab quaj lawm thiab. Koj twv seb peb yuav noj dab tsi ua su? Yog lawm…txiv lws suav! Kuv niam nthuav pob mov nws ntim qhwv daim ntawv ci nqa tom tsev tuaj. Nws nqa ib tug qaib vom thiab ib hnab ntsev yog tias xav rau kom qab. Nws tsuab ib tes txiv lws suav nws muab tuav xyaw ntsev rau hauv ib lub tais. Peb noj tus qaib vom thiab mov nrog ib tais txiv lws suav. Kuv yeej tsis tau saj raug tej yam qab npaum no. Txiv lws suav yeej yog ib yam khoom noj zoo uas kuv nyiam noj heev.

Noj su tas peb rov qab mus de txiv lws suav. Lub hnub ci kub ntaiv heev saum ntuj tuaj
ua rau peb meem txom heev. Kuv ib ce ntub hws tag mus rau kuv cov khaub ncaws.
Hnub qhia kom kuv khoov qis qis nkaum thaiv rau ntawm cov hmab thiaj tsis kub wb.
Muab ob lub hauv caug taug kev thiab qee zaus siv ob txhais tes nkag, wb zoo li ob tug
me nyuam poj ntxoog. Thaum ua hauj lwm tag hnub ntawd pom meej tias wb ob txhais
tes nplaum ntsuab xiab, ob sab plhu lo av tas, thiab khaub ncaws lo av ntub hws tas; tab
sis nws tsis ua li cas! Hnub no yog ib hnub uas muaj nuj nqis.

Tag nrho ua ke Hnub wb de tau 10 thoob txiv lws suav. Wb ua siab ntev tos lawv them nyiaj rau wb. Tau $50 coj los faib rau wb ob leeg. Nov yog thawj zaug uas wb khwv tau nyiaj. Wb txaus siab yuav mus sib ntsib noj kas lees ua ke rau tom taj laj tshav puam ib hnub tom ntej no.

Kuv niam thiab kuv txiv nqa ib thoob nrog peb mus rau pem tsheb. Nws yog cov txiv lws suav tsis zoo uas tawg tag thiab sawv hlwv uas kuv tus phauj muag tsis tau tom khw lawm.

Kuv niam muab cov txiv lws suav mus ua tau ntau yam zaub mov noj qab heev. Thaum lub rau hli ntuj ntawd peb tau noj tej zaub mov qab uas kuv niam ua nrog cov txiv lws suav. Nws ua txiv lws suav nrog mij, txiv lws suav nrog nqaij npuas tsuav, txiv lws suav nrog kua txob, thiab tsis tas li xwb txiv lws suav nrog ntsev thiab mov. Kuv niam tseem muab ib co tso hauv taub yees kom khov khaws cia peb thiaj tau noj rau lub caij uas tsis muaj txiv lws suav lawm.

Nyob rau hnub tshwj xeeb ntawd kuv lub neej puv npo, kuv lub plab tsau, thiab kuv lub siab yuav nco ntsoov thawj hnub kuv mus ua zog tag ib sim neej.

Nqaij Qaib thiab Txiv Lws Suav Kib

Cov khoom xyaw:

2 tbsp roj
4 nplai qij, txhoov me me
1 lub hauv paus dos loj, txhoov
1 khob qhiav, txhoov
2 lbs nqaij qaib zom mos
2 lbs txiv lws suav, hlais ob sab
2 tsp soy sauce
2 tbsp oyster sauce
1 khob zaub txhwb, txhoov
Ntsev thiab hwj txob rau kom qab

Cov lus qhia:

Tos kom lub yias kub ces ntxiv roj. Muab cov qij, dos, thiab qhiav
kib kom siav zog. Ntxiv nqaij qaib rau lub yias nrog ntsev thiab
hwj txob. Tig qhov cub rau qhov uas kub kom siab txog nraub nrab.
Kib cov nqaij qaib kom siav ces ntxiv cov txiv lws suav rau. Kib kom
cov txiv lws suav qhuav kua me ntsis ces mam ntxiv cov soy sauce,
oyster sauce, thiab zaub txhwb rau. Tas lawv, daus los noj.

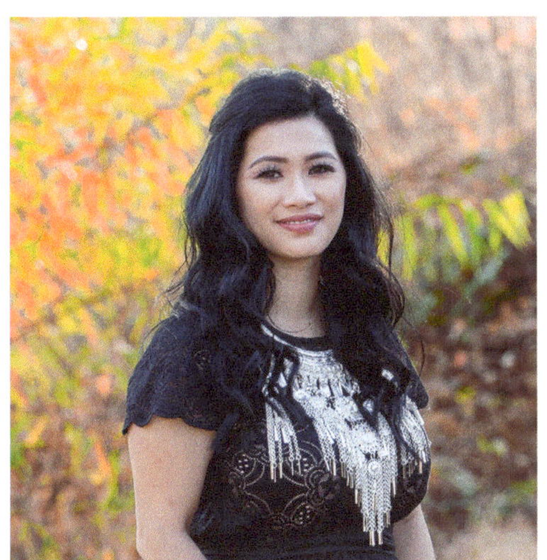

Chiamee Vang is a Hmong-American educator with a love for children's literature. The inspiration for her writing comes from her experiences growing up in Fresno, California as a child of Hmong refugees. Chiamee has written "Los Peb Hnav Khaub Ncaws Hmoob." She wants to continue to contribute to literature highlighting the Hmong culture and assimilation in the United States.

Tou is an illustrator from the Twin Cities area. He earned a BFA in Illustration from the Milwaukee Institute of Art & Design in 2003 and started his own company, Studio Tou, in 2018. His work is based on the folklore and history of the Hmong people and he creates his art through traditional and digital mediums. His notable works include two self published books on the Hmong: Diaspora, a mix between Hmong folklore and history, and Perilous Journey, stories of the journey to Thailand after the Secret War. Along with these personal projects, Tou also does commercial work illustrating children's books and covers for Disney. Through these outlets, he hopes to spread awareness and representation of Hmong art to the next generation.